1. Auflage: 05/2018

Autorin: ©Anne Reimerdes
Bilder: mit freundlicher Genehmigung

Selbstverlag: Anne Reimerdes - Rottberg 1 - 24402 Esgrus
Herstellung und Druck: CreateSpace
printed in Germany by Amazon Distribution GmbH, Leipzig

Das Wort "verwachsen"

hört sich

unter Umständen negativ an.

Aber:

es kennzeichnet auch

eine

sehr enge Verbindung.

Inhalt

Kultur...	1
Da war was...................................	2
Vergoldet......................................	3
Glück im Spiel..............................	4
Unterkante Oberlippe................	5
Vertieft..	6
Blickwinkel...................................	7
Farbenfroh...................................	8
Motive...	9
Standpunkte................................	10
Zuneigung....................................	11
Feine Pinsel.................................	12
Grimmig..	13
Verkehrsbehütet.........................	14
Schutz...	15
Ja damals.....................................	16
Das große Latinum....................	17
In besseren Kreisen...................	18
Geschmack..................................	19
Muskat..	20
Das Auge isst mit.......................	21
Der Schoko Laden.....................	22
Pulled Pork..................................	23
Verfressen...................................	24
Schwein sein...............................	25
Das Gelbe vom Ei......................	26
Herein!..	27
Spannung.....................................	28
Multitasking.................................	29
Tetrapoden..................................	30
Bedacht..	31
Mit Schwung...............................	32
Wann es weiter geht.................	33
Im Untergrund............................	34
Versackt.......................................	35
Müll..	36
Marienkäfer.................................	37
Springbrunnen...........................	38
Was bleibt...................................	39
Seesterne....................................	40
Richtungsweisend.....................	41
Unterwasserwelten...................	42
Pfahlbauten................................	43
Fragen..	44
Hochwasser.................................	45
Wasserspiele..............................	46
Erosion...	47
Kegel...	48
Körper...	49
Schmalhaus.................................	50
Ein Monument............................	51
Aufreißend..................................	52
Gestutzt.......................................	53
Drunter und drüber...................	54
Der letzte Schnee......................	55
Nur halb.......................................	56
Ein Ohr im Baum?.....................	57
Luft holen....................................	58
Verfall...	59
Plastikmüll...................................	60

Kultur

Fein säuberlich gepflegt wird die Kultur.
Wir Menschen sind so stolz auf was wir können.
Urwüchsig wachsen dürfen Pflanzen nur,
wo wir Bereiche für uns deutlich trennen.

Und das wird schwierig, denn in Klein-Europa
verliert Natur, die unberührt, ständig an Raum.
Kultur dagegen, das weiß ich vom Opa,
entwickelt sich rasanter als ein Traum.

Wir mischen mit beim Bausatz von den Genen,
die digitale Welt wird immer schneller,
reißt die Kultur mit sich, erlaubt kein Dehnen.
Und wo mal Urwald war, wird's immer heller.

Da war was

Da war was an der Wand, oje,
sollte es was verdecken?
Wie die Fragmente, die ich seh,
und Nägel, die drin stecken?

Wahrscheinlich machte es schon Sinn,
die Wand so frei zu legen.
Man schaut da unwillkürlich hin,
lässt Fantasie anregen.

Das Unvollkommene lädt ein
mal selbstlos kreativ zu sein.

Vergoldet

Die Herkunft dieses Reichtums wird verraten;
tatsächlich brachten Schiffe ihn einst ein.
Die Hanse übergreifend über Staaten
verband geschäftlich. Handel musste sein.

So gab es damals manche reichen Säcke,
was die Hansekogge hier recht deutlich macht.
Und wie heute blieben Leute auf der Strecke,
die ihr Leben nur mit Arbeiten verbracht.

Das wird wohl immer die Gesellschaft prägen:
jedes System lässt Privilegien zu.
Es gilt vielleicht nur einmal abzuwägen:
wer gar nichts hat, lässt Reichen keine Ruh.

Glück im Spiel

Das Glück im Spiel kann jeder einmal haben.
Und manchen trifft es sogar mehr.
Mancher versucht's und landet dann im Graben,
er sprang nicht weit genug, das Pech verfolgt ihn sehr.

Routine, Tricks und Schläue
helfen dem Glück beim Spiel.
Und man versucht's aufs Neue.
Letztendlich nützt's nicht viel.

Glück in der Liebe ist da doch beständig.
Wenn du es hast, hilft aber auch Geschick.
Dein Partner ist nämlich lebendig,
und nur zu zweit besteht Liebe mit Glück.

Unterkante Oberlippe

Steht dir das Wasser bis zum Hals,
geht es dir gar nicht gut.
Du kannst noch atmen, allenfalls,
zu mehr hast du kaum Mut.

Du fühlst dich hilflos, wie gelähmt,
wagst dich nicht zu bewegen.
Dein Selbstvertrauen stockt verschämt;
keiner kommt dir entgegen.

Sich zu befreien aus der Lage
erfordert Fantasie und Kraft.
Da braucht man Freunde, ohne Frage,
damit man Schicksalsschläge schafft.

Vertieft

Ins Spiel vertieft, wenn ringsumher
nur Wasser, Sand und Sonne,
zieht bei Erwachsenen nicht mehr,
für Kinder ist's die Wonne.

Ihnen genügt die Fantasie,
um freier zu gestalten,
was in begrenztem Raum sich nie
kann wirkungsvoll entfalten.

Unbeirrt von Menschenstimmen,
die allseits uns beschallen,
kann Träumerei Berge erklimmen,
so losgelöst von allen.

Blickwinkel

Was man auch sieht, es kommt drauf an,
welchen Winkel einer wählt:
was man von einem sehen kann,
für keinen anderen so zählt.

Bei Entscheidungen zu denken,
dass der Blickwinkel bestimmt,
wem wir die Beachtung schenken,
ist das, was man persönlich nimmt.

Jeder sieht mit seinen Augen
nur was Erfahrung ihm erlaubt.
Verallgemeinerungen taugen
nur, wenn man an dasselbe glaubt.

Farbenfroh

Die meisten Menschen machen Farben froh,
weil unsre Augen darauf ausgerichtet sind.
Nur schwarz zu sehen wäre beinah so,
als wär man nicht nur farben- sondern blind.

Je knalliger die Farben, desto eher
wird unser Augenmerk darauf gerichtet.
Die Jacke hier ist sicher ein Hinseher,
zu gold'ner Hose kontrastreich gewichtet.

Trompete Ton in Ton geblasen
komplettiert harmonisch die Skulptur.
Und was wir über den Erbauer lasen
erschließt uns auch den Sinn dieser Figur.

Motive

Collage: Fabian Schütze Martinez

Für jede Tat gibt es ein Tat-Motiv,
auch wenn es oft im Dunkeln liegt.
Und ein Zusammenhang erscheint dann schief,
wenn man die Einzelheiten nicht zu sehen kriegt.

Motive für die Linse gibt es viele,
dem Auge des Betrachters angepasst.
Der eine hat Touristenblick zum Ziele,
was dem Naturliebhaber jedoch meist verhasst.

Motivation, den Anblick festzuhalten,
treibt alle, die mit Kamera umgehen.
Von Profis, die die Fotos noch gestalten,
kann man sogar verbesserte Motive sehen.

Standpunkte

Ein fester Standpunkt hilft im Leben weiter,
auch wenn es sich globale Ziele sucht.
Der Punkt wird objektiv einfach nur breiter,
als wichtige Erfahrung dann verbucht.

Jede Wurzel stützt gesamtes Werden
des Einzelnen, das endlich ausgereift.
Und jeder Standpunkt, egal wo auf Erden,
hält fest, was man an Weisheiten begreift.

Kein Hindernis bietet die feste Mauer.
Sie zu überwinden ist stets möglich.
So bleibt der Geist lebendig und auf Dauer
trotz fester Standpunkte beweglich.

Zuneigung

Zwei Bäume leben dicht an dicht,
jeder auf seine Art.
Sie wachsen hoch empor zum Licht,
grob die Äste, Zweige zart.

Noch unbeblättert zeigen sie,
wie sie sich höher strecken.
Mit Blättern sieht man sowas nie,
weil sie sich ganz bedecken.

Schön möglich, dass sie sich verstehn,
wenn sich die Kronen wiegen.
Zuneigung ist dann leicht zu sehn.
Auch wenn sie sich nie "kriegen".

Feine Pinsel

Ganz weich und extrafein sind diese,
die doch in fester Form gehalten.
Trotz Gegensatz folgt keine Krise,
zwei Seiten können sich entfalten.

Die Festigkeit im Griff als Knauf
liegt leicht in einer Hand,
und trägt nicht mehr als nötig auf,
was der Mann nützlich fand.

Weich und geschmeidig kommt dagegen
das Pinselende zum Gebrauch.
Es lässt umschmeichelnd sich bewegen,
verteilt den Schaum, befeuchtet auch.

Grimmig

Die Augen schauen böse drein,
auf etwas fokussiert,
das möchtest du nicht wirklich sein,
aus Angst, dass was passiert.

Die Stirne kraus, bitterer Mund,
die Mundwinkel verzogen,
(die Ohren wirken ungesund,
und Haarsträhnen gebogen)...

... So angesehn erwartet man,
die Strafe für die Sünden,
von denen niemand wissen kann,
aus wohlbedachten Gründen.

Da regt sich einfach das Gewissen
mit den bekannten "lecker" Bissen.

Verkehrsbehütet

Nehmen wir an, dies Kunstwerk sei
ganz ohne Hut gemacht.
Dann kam ein Witzbold schnell herbei
und hat sich mehr gedacht.

Nun sieht man wie auf Tannenspitzen
die Hütchen hoch aufragen,
die sonst nur auf den Straßen sitzen,
oder auch schon mal lagen.

Hier sind sie sicher aufgesetzt.
So fallen sie nicht um.
Und der Raser, der sonst hetzt,
sieht sich vor - und um.

Schutz?

Vor Zeiten schienen solche Pfähle
nur seltsam, was hat man gedacht?
Vielleicht Kopieren einer Stele,
die jemand schlicht nur weiß gemacht?

Heute weiß man, es sind keine Macken.
Sie dienen präventiv zum Schützen
vor Terror- und Gewalt-Attacken.
Man hofft, sie mögen dazu nützen.

Die Zeiten haben sich gewandelt.
Fanatisierte Menschen lieben die Gewalt.
Das Ziel, um das es sich bei ihnen handelt,
macht auch vor Mord und Totschlag niemals Halt.

Ja damals

Ja, damals hatte man noch Kannen,
um frische Milch direkt zu kaufen.
Vom Laden, wo noch Pumpen rannen.
Zucker und Mehl gab es in Haufen.

Mit Schaufeln ab in eine Tüte,
nur aus Papier damals, ganz klar,
als man zu wiegen sich bemühte,
und jeder Kunde König war.

Die "Tante Emma" gibt's nicht mehr.
Großeinkauf-Zentren locken jeden.
Und doch vermissen wir sie sehr,
freuen uns über Dorf-Kaufläden.

Das große Latinum

Bei Cäsar gab's den "musicus"
und auch die "musica", die Schöne.
Die "ars latina" war ein Muss.
Heut hört man einfachere Töne.

Will einer mit der Bildung prahlen,
bemüht er sich gern um Latein.
Man kann zwar deutsche Lettern malen,
doch klingt das "Musikum" so fein.

Bei Jazz und Blues und Popmusik
und Schlagern, die auf Deutsch gesungen,
wirkt dieses Schild etwas antik.
Und der "Eingang" sehr verschlungen!

In besseren Kreisen

In besseren Kreisen läuft auch nicht alles rund.
Zu verschieden sind die Komponenten.
Und wenn's so wäre, wär es ungesund,
und mangelte an frischeren Momenten.

Diversität bringt Farbe in die Masse,
die von Natur nie eintönig erscheint.
Man mag sich wähnen in der Oberklasse,
womit man sich und seinesgleichen meint.

Doch gleich sind keine zwei in allen Kreisen,
auch wenn natürlich alle Menschen gleich.
Grundsätzlich gilt es immer zu beweisen,
dass man human ist, arm oder auch reich.

Geschmack

Recht mühevoll und mit gekrümmtem Rücken
fertigt der Maler seine Bilder an.
Doch der Passant muss sich nicht bücken,
weil er im Stehen die Motive sehen kann.

Für vielerlei Geschmack ist was zu sehen,
ob Rechteck längs, Quadrat und rund.
Man wird nicht schnell vorübergehen,
es sei denn, es wird gar zu bunt.

Doch halt, auch für den farbneutralen
Geschmack lässt sich Passables finden.
Wenn nicht, muss man halt selber malen
und seine Kauflust überwinden.

Muskat

Kein Muskat-Teller, vielmehr nur ein Glas
enthält die Nüsse, die zum Würzen wichtig.
Man braucht sie aber nicht im Übermaß.
Daher ist hier das Glas mit Deckel richtig.

Auch sind diese Nüsse nicht zu knacken.
Die harte Schale wurde schon entfernt.
Beim Reiben muss man sie jedoch gut packen,
sonst ist der Finger dran - hab ich gelernt.

Beim Muskateller braucht man keine Reibe.
Aber ein Glas ist ausgesprochen fein.
Damit er frisch und duftend bleibe,
muss allerdings beim Glas kein Deckel sein.

Das Auge isst mit

Mit allen Sinnen mögen wir genießen
Delikatessen, die uns so serviert,
dass höchstens Freudentränen wir vergießen,
vor Entzücken, wie sie arrangiert.

Und wenn das Auge lacht, folgen Gerüche,
die erst aus Nasennähe in uns dringen,
und nicht von weitem aus der Küche,
wo sie seit gestern an der Decke hingen.

Und schließlich darf der Mund mit allen Sinnen,
die uns zum feinen Schmecken mitgegeben,
mit dem Goutieren vorsichtig beginnen,
bis wir zufrieden unser Glas erheben.

Der Schoko Laden

Ein Schoko-Laden klingt verheißungsvoll.
Dort findet man den Stoff, der glücklich macht,
und Klänge mehr in Dur als traurig Moll,
damit nicht nur das Auge fröhlich lacht.

Ob nun der Bär auch wirklich süßer schmeckt
als in Natur ein Braunbär schmecken würde,
weiß nur einer, der mal dran geleckt.
Doch um ihn rum erstellte man 'ne Hürde.

Um an das süße Leben zu gelangen,
muss man - wie stets - zu arbeiten anfangen.

Pulled Pork

Immerwieder sind die Speisen
ganz besonders herzurichten.
Und um dieses zu beweisen
sprech ich von Pulled Pork-Gerichten.

Einen Smoker braucht der Mann,
der sowas bereiten kann.
Und dazu einen Tag Zeit,
denn erst dann ist es bereit.

Also nimmt man große Krallen,
legt den Braten in die Schale,
wo die Fasern leicht zerfallen,
und beginnt mit dem Festmale.

Verfressen

Das war zuviel für eine Säge!
Wer mäht denn Gras mit einer Kette?
Auch wenn zum Bücken man nicht träge,
man mehr von Heckenscheren hätte.

Und wird so langes Gras geschoren,
das außerdem noch zäh wie Stroh,
müsste man ganz unverfroren
die Sense nehmen sowieso.

So hat die Säge Gras gefressen
und schlang es gierig in sich ein.
Der Gärtner aber unterdessen
könnte der Kettenmörder sein.

Schwein sein

Die Örtchen, wo man dann und wann
ganz ungeniert mal Schwein sein kann,
sind kenntlich - und das ist kein Scherz -
recht vielerorts durch so ein Herz.

Da sagt man sich mit gutem Recht,
das Schweinsein ist vielleicht nicht schlecht,
und außerdem auch nur natürlich,
wenn in Maßen und gebührlich.

Sollte man nach Herzenslust,
ohne Drangsal, ohne Frust,
sich vom üblen Rest befrein,
tut es so gut, mal Schwein zu sein.

Das Gelbe vom Ei

So hat man sich das Osterei
nicht zum Genuß gedacht.
Halb gekocht ging es entzwei,
wie es nicht Freude macht.

Mühselig könnte mit dem Löffel
man das Eiweiß entfernen.
Wer es zerstörte, dieser Töffel
muss da noch tüchtig lernen.

Anderenfalls nimmt man die Pfanne,
um Eier zu bereiten.
Dann gibt es selten solche Panne,
wenn sie aus Händen gleiten.

Herein!

Eher grimmig schaut der Kopf.
Kein Wunder mit dem Ring im Maul!
Und was er sagt ist einfach "Klopf!",
für Worte wäre er zu faul.

Doch wird der Gast deutlich gebeten,
den Ring zu nutzen, um zu klopfen,
ins Haus willkommen einzutreten,
und nicht dem Kopf das Maul zu stopfen.

Um Einlass bitten mit 'nem Knopf,
der die Klingel tönen lässt,
wirkt nunmehr wie ein alter Zopf,
obwohl melodisch. Das steht fest.

Spannung

Spannend geht der Lebenslauf
unseres Planeten.
Gespannt wachsen wir heut auf
unter Spannungsdrähten.

Wasserströme fließen weiter
ohne unser Tun.
Strom erreicht uns über Leiter,
lässt uns kaum mehr ruhn.

Für Spannung sorgen Umspannwerke,
ohne Langeweile.
Globalisieren die Stromstärke,
mit oder ohne Eile.

Multitasking

Ein neues Wort vom Management,
das heutzutage jeder kennt,
der mehr als eine Sache kann
zur selben Zeit; Frau oder Mann.

Telefonieren und gleich schreiben
wird dabei noch einfach bleiben.
Kettenrauchen, schreiben, lenken
muss man mehr Beachtung schenken.

Kochen, putzen, kinderhüten
wird man deutlicher vergüten.
Kaum noch Zeit zum Nächstenlieben.
Wo ist das Gefühl geblieben?

Tetrapoden

Tetrapoden sind die Klötze,
die man Richtung Meer verlegt,
dass es nicht in Schreck versetze,
wenn es Sand und Strand bewegt.

Mit vier Beinen, die verhaken,
trutzen sie der Wasserkraft.
Dennoch sah man welche staken,
die die Flut schon weggeschafft.

Beton kann lange widerstehen,
doch Sturm und Wasser heben leicht
hinweg, was wir als Bollwerk sehen.
Wir wissen nie, wie lang es reicht.

Bedacht

Ein Höhlenmensch als Schutz vor Regen
hat damals auch schon nachgedacht,
sich unter Dach und Fach zu legen,
vor allem in der dunklen Nacht.

Als die Menschen sich dann trauten,
jenseits von Höhlen auch zu leben,
und selber Hütten für sich bauten,
begannen sie emporzustreben.

Je nachdem wo sie schon wohnten
wurden Häuser mit Bedacht
und Mitteln, die zum Decken lohnten,
von oben sauber zugemacht.

Mit Schwung

Mit Schwung lässt es sich leichter leben.
Man packt vital die Dinge an,
die sonst Anlass zur Sorge geben,
weil man sie schließlich meistern kann.

Natürlich muss man mit dem Schwingen
beim Ausholen vorsichtig sein,
es könnte andernfalls gelingen,
man schlüge etwas kurz und klein.

Gezähmter Schwung ist anzuraten.
Übermut bekommt nicht gut.
Im Einklang mit täglichen Taten
dosiert man dann die Arbeitswut.

Wann es weiter geht

Nicht nur wohin, besonders wann
hätte man gern gewusst:
wann's weiter geht, und man dann kann
erkennen, wo man steht.

Kostbare Zeit nicht zu vertreiben,
sondern sie gut zu nutzen,
um hier oder auch dort zu bleiben,
zeitraubende Pläne stutzen.

Was jemand plant mit seiner Zeit
an Sinnvollem zu machen
stellt oft das Fundament bereit
für andre gute Sachen.

Im Untergrund

Was unschön anzusehen wär,
verbirgt man gern im Dunkeln.
Im Untergrund läuft manchmal mehr
als Leute gerne munkeln.

Die Technik wird hübsch eingepackt
in schlicht nobles Design.
Das wird nach Wunsch auch bunt gelackt,
und modisch muss es sein.

Im Dunkeln bleiben die Kanäle,
die nur die Eingeweihten kennen.
Auch wenn man's zum Geheimdienst zähle,
vom Abwasser will man sich trennen.

Versackt

Hier hat ein Mensch das Gras versackt.
Es wildert oben raus.
Bliebe es stehen, wär's beknackt,
bei Regen nur ein Graus.

Die Konsequenz von solchem Tun
ist, es nun wegzuschaffen.
Und sicher wird der Mensch nicht ruhn,
sich dazu aufzuraffen.

Ein Gärtner übt sich jedes Jahr,
Natur im Zaum zu halten.
Dann grünt sie wieder wunderbar,
kann sich erneut entfalten!

Müll

Müllabgabe nur während der Schleusenbetriebszeiten

Was man dringend kaufen will
ist immer eingewickelt.
Und so ist Neues gleich viel Müll:
gepackt, verschweißt, gestückelt.

Die Lust etwas zu konsumieren,
das blendend uns verlockt,
freut Händler, die gern abkassieren,
bis wir ganz abgezockt.

Nur allzu oft erkennt man spät:
das war nicht, was man will!
Und manches teurere Gerät
landet bald auf dem Müll.

Marienkäfer

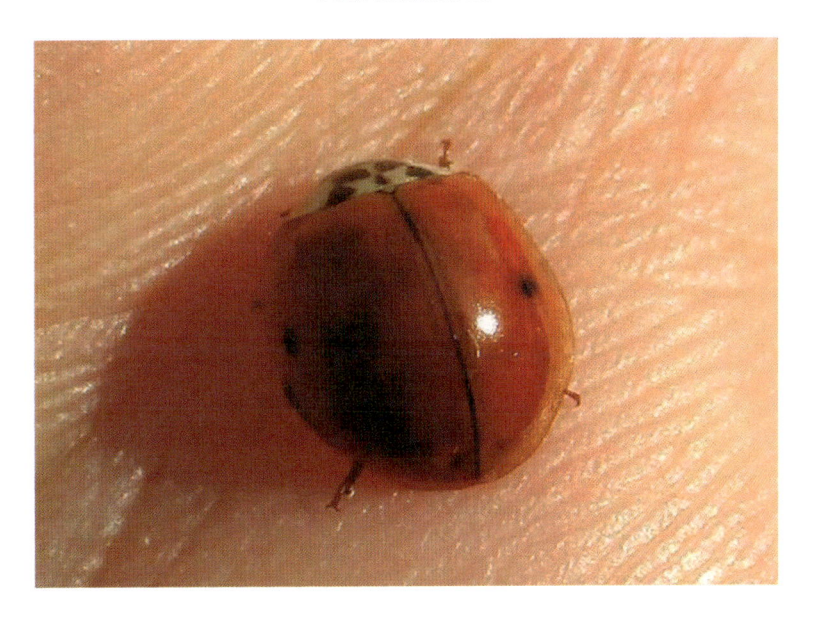

Marienkäfer in geringen Mengen
können hilfreich sein im Garten,
wo sie Blattläuse verdrängen,
ohne dass sie lange warten.

Aber solltest du erleben,
dass in Massen sie auftreten,
um dich rum krabbeln oder schweben,
werden sie nicht reingebeten.

Denn dann sind sie selbst nicht friedlich,
wild im Konkurrenzbetrieb,
alles andere als niedlich.
Nutzen auf der Strecke blieb.

Springbrunnen

Kein Brunnen springt! Wer hat das Wort geprägt?
Soviel ich weiß springt nur die Wassersäule,
mal senkrecht hoch, mal etwas abgeschrägt,
kurz angeschaltet sorgt sie für Geheule.

Der Wasserstrahl kann böse überraschen,
wenn man nichtsahnend Löcher inspiziert.
Denn hat man sich nicht einmal selbst gewaschen,
wird man da nass, wo's keinen int'ressiert.

Meist dient jedoch zerstäubtes Wasser nur
dem Anblick oder auch dem milden Kühlen.
Nur selten springt das Wasser hoch in der Natur:
in Island aber kannst du seine Hitze fühlen.

Was bleibt

Was bleibt, wenn Wind und Wellen nagen,
sind Wurzeln, Sand und auch Gestein.
Häuser, die an der Küste lagen,
werden die nächsten Opfer sein.

Auch wenn wir nun langsam versuchen,
die Umwelt um uns her zu schützen,
werden Küstenbewohner fluchen,
weil keine Maßnahmen was nützen.

Die Natur wird Mensch besiegen,
auch wenn Menschen oberschlau.
Wir werden unsre Rechnung kriegen,
doch wann, das weiß man nicht genau.

Seesterne

Ich seh Sterne, wenn man mir aufs Auge schlägt.
Die Seesterne liegen tot auf Steinen.
Man sät Sterne, wenn man deren Samen trägt.
Und von Ferne seh ich Sterne scheinen.

Man strahlt wie ein Stern so helle,
wenn man etwas Wunderschönes sieht.
Im Fin-stern rührt man sich nicht von der Stelle,
weil im Du-stern Schlimmes auch geschieht.

Eine Zi-sterne speichert Wasser uns zum Leben.
Zimt-Sterne schmecken lecker dem, der's mag.
Auch Stern-Anis kann Aroma geben,
wenn das Rezept dafür dem Koch vorlag.

An Seestern hatte ich ge-stern gedacht.
Heut kann ich lä-stern, hab mich ausgelacht.

Richtungsweisend

Man muss schon ziemlich nahekommen,
um Himmelsrichtung zu erkennen.
Doch ist man erst dorthin geschwommen,
lässt sich klar Ost vom Westen trennen.

Gefährlich scheint aber die Mitte,
denn dort lauert harter Stein.
Wie in der Politik die Schritte
sich zu teffen mögen sein.

Europa war der Stein der Weisen,
die Längengrade einzuteilen.
Und um Ost-West-Beziehung kreisen
Konflikte heute zwischen Zeilen.

Unterwasserwelten

Norbert Rath, Acryl

Dringst du zum Grund des Meeres vor,
verschwindet helles Licht.
Algen und Tang wachsen empor,
wie Fäden dicht an dicht.

Sie wabern mit der Strömung hin.
Das Wasser dämpft ihr Schwingen,
lässt Raum für Fische mittendrin,
die ihre Beute fingen.

Das Leben in der Unterwelt,
in Unterwasserwelten,
Angepassten wohl gefällt.
Und Menschen gibt's hier selten.

Pfahlbauten

Nicht einfach so setzt man auf Pfähle
was man auch ebenerdig haben kann.
Damit womöglich man sich quäle,
und schleppt die Dinge hoch und ran.

Nein, Menschen können vieles bauen,
egal, was es zu überwinden gibt.
Sie müssen nur den Konstruktionen trauen,
deren Aufwand groß und unbeliebt.

Man möchte heute husch husch Resultate sehen,
mit dem Effekt, dass manches eingespart.
Bauwerke können hunderte von Jahren stehen,
scheut man die Mühe nicht, die immer hart.

Fragen

Wie kommen Pocken an den Pfahl,
und warum fallen sie nicht runter?
Zeigt der Schatten uns jetzt mal,
die Sonne geht noch lang nicht unter?

Und wie, um alles in der Welt,
kam es zu der runden Delle,
die sofort ins Auge fällt?
War dies hier eine tiefe Stelle?

Oder hat der Pfahl beim Bohren
den Sand herum so dicht gestampft,
dass jedes Luftloch war verloren,
und Wasser ist daraus verdampft?

Hochwasser

Noch ist es nicht so hoch, das Wasser,
dass man den Sinn der Pfähle sieht,
doch würden nicht nur Füße nasser,
wenn man nicht Konsequenzen zieht.

Deutlicher als diese Stangen
können Vorzeichen nicht mahnen.
Ein Pech, wenn wir zu spät anfangen,
den Klimawandel zu erahnen.

Wenn erst die Flut uns überrollt,
heißt's nur: "Das hab ich nicht gewollt!"

Wasserspiele

Er will nur spielen, sagt man so,
wenn der Hund fröhlich bellt.
Doch wer Angst hat, ist gar nicht froh,
und fühlt sich fast verprellt.

Man muss schon das Gesamtbild sehn
und sicher sein zu wissen,
man kann den Hund komplett verstehn.
Sonst wird man doch gebissen.

Wenn Wasser schäumend Land umspielt,
spricht dies von hartem Stein.
Ein Seeman läuft darum gezielt
und wissend hier nicht ein.

Er sucht sich einen stillen Hafen,
lässt Wasser spielen - und kann schlafen.

Erosion

Es muss schon hart sein, das Gestein,
das nicht schnell erodiert.
Darum steht hier auf einem Bein
der Fels ganz ungeniert.

Gefahr besteht natürlich dann,
wenn weiter Wetter waschen.
Dann wär die Frage nur noch, wann
sie's Standbein ganz wegnaschen.

So lange wirft der Klotz noch Schatten,
in dem man stehen mag.
Und Leute, die die Nerven hatten,
genossen ihn am Tag.

Kegel

Ein Kegelstumpf in Riesengroß
ragt auf ins Himmelblau.
Den Laien wundert dieser Kloß,
Der Fachmann weiß genau:

wie er entstand aus dem Gestein,
und wann dieses passierte.
So dürften keine Kegel sein,
auf Kegelbahn montierte.

Wer solche Kegel Kegel nennt,
die nur ganz weit Entfernte,
hat in der Schule wohl gepennt,
als man von Körpern lernte.

Körper

Ob eckig, rund, lang oder schmal,
ein Körper ist dimensional.
Ganz einfach drei-, jedenfalls plastisch
begreift man ihn. Das ist fantastisch.

So können sich zu den Gestalten
Beziehungen ganz leicht entfalten.
Im rechten Licht, mit ein paar Lumen
erfasst man ungefähr Volumen.

Meist recht fest und auch kompakt,
manchmal rau, manchmal gelackt
kann man die Oberfläche fühlen.
Ist sie zu heiß, muss man sie kühlen.

Schmalhaus

Kein großer Schrank passt an die Wände,
wenn rechts und links vom Fenster Eck an Ecke
von einem bis zum andern Ende
nur eine allzu kurze Strecke.

Dafür hat man nur kurze Wege
in diesem Raum, an dieser Wand.
Was praktisch ist für die Raumpflege,
die man erledigt kurzerhand.

So ist das Haus hoch aber schmal.
Der Bau war hoffentlich legal.

Ein Monument

Der Baum hat zwar nicht überlebt,
doch steht sein Stamm noch prächtig,
und zeigt, er hat aufwärts gestrebt,
sein Holz imponiert mächtig.

Ein Monument in der Natur
und durch sie selbst gestaltet,
auch wenn der Rest ein toter nur,
hat sich im Kern entfaltet.

Wir bauen uns auch Monumente
in Bronze oder Stein.
Material das man dort trennte,
wird nicht gewachsen sein.

Aufreißend

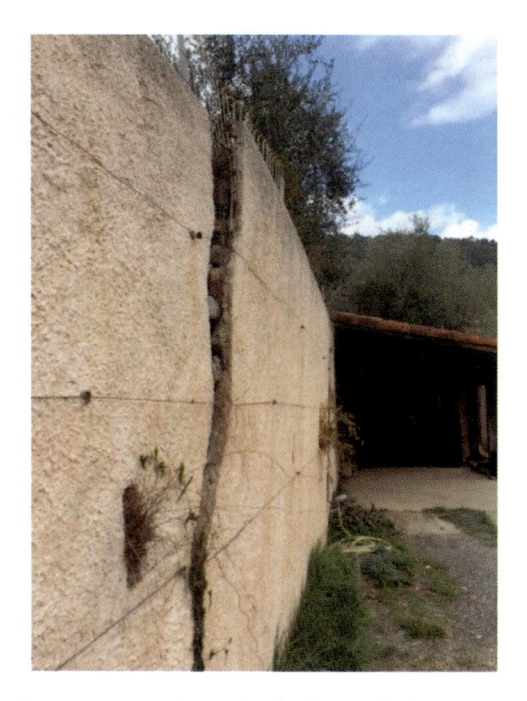

Für Nervenschwache keine tolle Mauer!
So ein Riss macht einem Angst und Bange.
Man liegt doch täglich auf der Lauer,
ob die Wand hält, und wenn sie hält, wie lange.

Schon sieht man dicke Steine, die drauf warten,
dass sie mehr Platz zum Fallen kriegen.
Und wenn die erstmal mit dem Rollen starten,
gerät vielleicht die Mauer zum Erliegen.

Aufreizend der Gedanke an Gefahren,
die für Abenteurer einen Kick ausmachen.
Doch wo solch Risse in der Mauer waren,
hatte man sicher weniger zu lachen.

Gestutzt

Ein Baum wächst gerne in die Höhe,
und legt im Alter Jahresringe an.
So die Olive, die ich sehe,
an der man viele Jahre messen kann.

Zum Ernten seiner Früchte freilich
wurde die Höhe arg gestutzt;
für den Baum eher abscheulich,
dem Menschen aber hat's genutzt.

So können mit Olivenölen
wir die Bäume mächtig quälen.

Drunter und drüber

Wie ein Labyrinth aus Zweigen
sind die Ranken hier verbunden,
womit sie dir ganz deutlich zeigen,
dass sie ihren Weg gefunden.

Sie suchen Halt an einer Mauer
und an den alten Ranken auch.
Drunter und drüber, ungenauer
geht es kaum in einem Strauch.

Und dennoch lebt die Pflanze weiter.
Das Chaos unten ist egal.
Hinauf zum Licht wie auf der Leiter
wächst das Efeu allemal.

Der letzte Schnee

Zusammen schmilzt der letzte Schnee
in einem weißen Haufen,
so dass ich rings das Grün jetzt seh;
drauf lässt sich's besser laufen.

Die Sonne hat schon sehr viel Kraft.
Die Schatten sind zwar lang,
doch hat das meiste sie geschafft
zum Frühjahrs Neuanfang.

Man könnte einen Schneemann baun,
wenn auch nur einen kleinen.
Der würde aber ganz schnell taun,
was Ostern nicht zum Weinen!

Nur halb

Man sieht dem Baum von weitem an:
die bess're Hälfte fehlt.
So ist es auch bei Frau und Mann,
die lange schon vermählt.

Zum ganzen Paar gehören zwei,
nur dann ist es komplett.
Sind halbe Sachen mal dabei,
macht das den Kohl nicht fett.

Abgerundet wirkt das Ganze,
harmonisch, groß und gut.
Das sieht zum Beispiel man beim Tanze,
beim Paar, das in sich ruht.

Ein Ohr im Baum?

Dass Bäume Lebewesen sind,
ist allgemeines Wissen.
Sie rauschen leis im Sommerwind,
wenn sich die Blätter küssen.

Vielleicht hört man Geschichten raus
aus dem bewegten Raunen.
Dramatisch wird's im Sturmgebraus
mit Hören und mit Staunen.

Doch kommt mir etwas spanisch vor:
die Baumsprache mag sein,
aber ein Baum hat doch kein Ohr,
und wär es noch so klein!

Luft holen

Auch ein Baum braucht Luft zum Leben.
Meist holt er die durch Blätter.
Doch kann es auch Luftwurzeln geben.
So oder so ist's netter.

Viel Luft zum Atmen tut ihm gut,
ganz wie dem Menschen auch.
Doch ist die schlecht, kriegt er die Wut,
auch ohne einen Bauch.

Die Lebewelt, wie wir sie lieben,
hängt ab von frischer Luft.
Die können wir nicht einfach sieben
bis Schadstoffe verpufft.

Wir brauchen gute Qualität.
Kommt die Erkenntnis schon zu spät?

Verfall

Was du auch baust, es braucht die Pflege,
um deinem Zweck zu dienen.
Bleibst du gesund, tatkräftig, rege,
bedarf es kaum Maschinen.

Nachlässigkeit jedoch bei allen
Bauwerken von Menschenhand
führt letztendlich zum Verfallen.
Das sagt uns einfach der Verstand.

Warum nun die modernen Bauten
schneller altern als die alten,
begreifen die, die vorwärts schauten,
argwöhnend, man ließ Eile walten.

Plastikmüll

Der Plastikmüll, abgefischt aus dem Wasser,
entwickelt sich rasant zu dem Tornado.
Vor solchem Wirbelsturm wird der Mensch blasser,
denn alles fegt der weg wie beim Mikado.

Doch scheinen wir nicht wirklich zu begreifen,
dass die Verschmutzung unsre Welt zerstört.
Die Spatzen können es schon von den Dächern pfeifen,
der kluge Mensch hat jenen Schuss noch nicht gehört.

Die Artenvielfalt schrumpft wie wir uns mehren.
Wir nehmen Tieren ihren Lebensraum.
Rücksichtslos fischen wir in Meeren,
bis wir erwachen. Dann ist aus der Traum.

Zum Glück erfüllen sich

die meisten Träume nicht.

Das könnte zu

traumatischen Erlebnissen

führen.

Meine Gedichte

sind auch eher aus dem Leben gegriffen,

und nicht aus Träumen.

Made in the USA
Columbia, SC
29 May 2018